सहज दर्शन

# Orange Books Publication

1st Floor, Rajhans Arcade, Mall Road, Kohka, Bhilai, Chhattisgarh 490020

Website: **www.orangebooks.in**

---



**First Edition, 2025**

**ISBN:** 978-93-6554-807-5

**Price:** Rs. 180.00



Printed in India

# सहज दर्शन

रजत रितविक

Orange Books Publication
www.orangebooks.in

# अनुक्रमणिका

# प्रथम अध्याय

विनाशकाले विपरीतबुद्धिः,
हो न सके जब कोई सिद्धि,
स्थिति है नही ऐसी अनंत
प्रश्न करना चाहे मन ये संत ।

नाम था जिसका धृतराष्ट्र
नेत्रहीन हो अनदेखा किया शास्त्र,
बाँट दिया पुत्रवंशो को
परिणाम वो देखा जो
नाम था उसका संजय,
उत्तर दिया वह युक्त संशय
राजा दुर्योधन देखे जो व्यूह
गुरु द्रोणाचार्य को कहा जिस मुँह
से कथा यहाँ है बखान

सुन लियो लगाए दोनों कान,

मन आकर्षण के लिए एक यंत्र,

जपा दुर्योधन मनग्रहंत न मंत्र,

कहा आचार्य को देखने वह रचना

सिखाई थी जिस द्रुपदपुत्र को वह,

सच न हो जाए तीक्ष्ण बाण-सी वाणी

मृत्यु का कारण जो बने सुहावनी।

मेघ जैसे आग न बरसाय,

शत्रु का भय न हृदय समाए,

बतलाया उन विपक्षों के नाम सोच,

धृष्टद्युम्न, सात्यकि, राजा कुन्तिभोज,

भीम, अर्जुन, अभिमन्यु का नाम न भूला,

मुख किया अपने शब्दों से काला।

फिर मौका दिया अपने भाग्य को,

नाम लिए आचार्य, भीष्म के

और न भूला कर्ण, विकर्ण,

थे जिस सेना में और भी स्वर्ण
प्राण-त्याग के लिए संकोच नही
क्षत्रिय-धर्म में सत्य यहीं।
अनदेखा किया प्रभु चरण स्पर्श
अनुभव को बताया अपना वह वज्र
भीष्म जिता सके वह सेना बनाई
रक्षा करो सभी मोर्चों से, हे गुसाईं !
वत्स की ये दशा जान
शंख बजाय पितामह महान
किन्तु सिंह की दहाड़ से
खतरनाक थी वह ध्वनि ।
निकली थी जो हुई सनी

पाञ्चजन्य बजाया श्रीकृष्ण ने,
देवदत्त बजाया अर्जुन,
कान किए विदीर्ण उसने

जब बजाया पौण्ड्र महाशंख भीमसेन।

राजा युधिष्ठिर अनंतविजय,

ललकार थी जिसकी उस जय

में, जिस सुघोष और मणिपुष्पक

बजाया नकुल और सहदेव नामक पुस्तक,

सहयोग था वह बड़ा विकराल,

आकाश को परवश किया महाकाल,

कौरवों की हिम्मत तोड़ी,

अंधेरे में जब छाया छोड़ी,

हृदय में थी शंका ले जान,

अर्जुन ने कहा— हे भगवान !

रथ को बीच में कीजिए खड़ा,

अदृश्य न रहे कोई शत्रु-सखा,

इस युद्ध-व्यापार की लाभ-हानि लूँ जान,

पताका फहराए ये कुरुक्षेत्र में महान।

सारथी हो जब कृष्ण जैसा,

स्वप्न में भी हो कृष कैसा,

अर्जुन के वचन को मान,

रथ खड़ा किया बीच में महान।

जंगल की आग जैसे बढ़ती है,

युद्ध की आशा उतनी सड़ती है,

चाचे-ताऊँ, पुत्र-पौत्रों,

मामे-ससुर, साले और सखाओं,

देख के इन सब को भर आया जब मन,

काँप गया वह तन-बदन,

जलन हुई उस खाल में,

मन फँसा जंजाल में

फिसल गाण्डीव धनुष,

चाहता भोग जिनके लिए मनुष्य
आशा त्याग खड़े वो युद्ध
धर्म न बचेगा ये शुद्ध ।

कुलद्रोह की ये समस्या जान,
कुलधर्म नाश होगा महान,
पापकर्म तृण-सम बन
वर्णसंकर लिए ये प्रण,
अधोगति में जाए पितर,
यही सुना हमने  इधर-उधर,

अब हे सखे ! हे भगवन् !
ज्ञान थी ये अंदर हमारे मन,
प्रत्यक्ष किए बना भी जो लिया आपने जान,
संशय-नाश के लिए रुद्र बन बचाओ प्राण।

वचन हुए अर्जुन के समाप्त,

पहले अध्याय का करके ये ज्ञान प्राप्त,

सखा रहे चाहे समस्या गंभीर,

हृषीकेश न लगाया मनग्रहंत जंजीर,

टूटा जो अध्याय द्वितीय में,

शुरुआत किया जिस युद्ध को किसी तृतीय ने।

# भगवद्गीता

व्यक्त नहीं कर सकते

जिन्हें शब्दों में,

डुबता है संसार

जिसके ख्वाब में,

वह रहता कहीं और नहीं

पर मेरे दिल में।

समझ सके उसे ऐसी नहीं

है कोई बुद्धि,

गीता में उसे कहते है

परमगति।

सामर्थ्य है अनंत,

स्थिति नहीं है अनित्य,

तालाबों में सागर वाला,

तुम-सा नहीं है कोई मित्र।

# कहते हैं

हिम्मत के लिए कहावतों की मिशाल कही जाती है,
लेकिन कहावतों की स्थिति भी कहाँ नित्य कही जाती है?

कहते हैं झूठ बोलकर जीत से भली सच बोलकर हार है,
लेकिन क्या किसी बच्चे का आहार बिना माँ की कहानियों के पार है?

कहते हैं जागने से अंधेरा जाता है,
लेकन मेहनत का कोई समय होता है?

कहते हैं दुनिया में अपनी एक पहचान बनानी होती है,
लेकिन क्या दीवार की तरह खड़ी भी वही ज़बान नहीं होती है?

कहते हैं  सुंदरता का वास कोमलता में है,

लेकिन क्या बिना काँटों का गुलाब किसी बग़ीचे में है?

कहते हैं  शांति नकरात्मकता को हटाने में होती है,

लेकिन क्या यह अलगाव आँसुओ को छुपाने में होती है?

कहते हैं शौर्य बढ़ाने के लिए दुनिया जीतनी पड़ती है,

लेकिन क्या बिना मन को नियंत्रित किए जीत मिल सकती है?

कहते हैं  वेदों के अभ्यास से ज्ञान होता है,

लेकिन क्या रावण का भी कहीं मंदिर होता है?

कहते हैं पूजने वालों में कृतज्ञता पूर्वापेक्षित है,

लेकिन क्या बिना युद्ध लड़े परिणाम से कोई योद्धा सीमित है?

कहने सुनाने का ये खेल ही नित्य शेष है,

सही संरक्षण का चुनाव ही अब विशेष है।

अर्जुन की तरह श्रीकृष्ण ही रहते हैं सबके सारथी,

जिनका वास हृदय और ना ही कोई होता वैसा साथी।

# भक्ति

खुदा ने बनाया इंसान,
इंसान बनाए भगवान,
भाषा, बोली, वेष-भूषा ,
न ही है कोई वैसा दूजा।

नाम है जिनका अनंत,
कथा है जिनका अनंत,
अंतर न कोई वैसा मिले
धागे जो इंसान सिले।

शरीर, मन और बुद्धि,
प्राप्त करने के लिए चाहिए वह सिद्धि,
जिनका वास स्थान है यहाँ,
उस भगवान को तुमने ढूँढा कहाँ?

पत्थर की मूर्ति सुंदर,
ईटों की बनावट के अंदर,
लोग ढूँढे जिस शक्ति को,
प्राप्त हो सके बस भक्ति को।

भक्ति होती वह अनंतर,
जो बनाए भक्त सिकंदर।
पथ चाहे हो निर्गुण,
श्रद्धा वही जो रहे सगुण।

माया के इस जाल को,

अंत के उस काल को,

मन करे उसे उल्लंघन,

भक्ति बने जिनका कंगन।

# माँ

शब्दकोश को कहते सब कुछ है आता,
अच्छे वक्त में सुख और बुरे में दु:ख है कहलाता,
लेकिन मुख पर पहला शब्द "माँ" ही है आता।

हीरा अगर कोयले की खान में है मिलता,
तो झूठों का बाढ़ भी 'माँ' की नदी से ही बढ़ता।
लेकिन इन झूठों की कीमत सच से भी ज़्यादा है।
आखिर इन्होंने ही समाज को आगे बढ़ाया है।

प्यार की मिशाल में 'माँ' का दर्ज़ा है ऊंचा,
क्योंकि हर डाँट की गहराई में प्यार को ही सींचा।
क्रोध विनाश का कारण कहलाता है,
लेकिन माँ के आगे तो ये भी मान बढ़ाता है।

शब्दों में प्यार की अभिव्यक्ति नहीं होती,

रिश्तों में शब्दों की ज़रूरत नहीं होती,

ये कविता तो बस एक झलक है,

बयाँ करने के लिए तो बस आपकी पलक है।

# सिद्धि-असिद्धि

कवि की तो रचना ही कहाँ,

जो सबको ही समझ आ जाए।

ज़िंदगी की वो शुरुआत ही कहाँ

जो बिना विघ्नेशवर के सिद्ध हो जाए।

शस्त्रधारियों की वो मिसाल  ही कहाँ

जो बिना राम-नाम के सिद्ध हो जाए।

बचपन की वो शरारत ही कहाँ

जो बिना श्रीकृष्ण के सिद्ध हो जाए।

विद्या की वो विधि ही कहाँ

जो बिना सरस्वती के सिद्ध हो जाए।

धन की वो प्रतिमा ही कहाँ

जो बिना लक्ष्मी के सिद्ध हो जाए।

भोलेपन की वो सराहना ही कहाँ

जो बिना शिव के सिद्ध हो जाए।

प्रेम की वो तपस्या ही कहाँ

जो बिना पार्वती के सिद्ध हो जाए।

चींटी-सा कार्य भी हो ही कहाँ

जो बिना पवनपुत्र के सिद्ध हो जाए।

मान-अभिमान का वो चरित्र ही कहाँ
जो बिना इंद्रदर्शन के सिद्ध हो जाए।

भय की वो स्थिति ही कहाँ
जो बिना शनिदेव के सिद्ध हो जाए।

सुंदरता की वो चमक ही कहाँ
जो बिना चंद्रमा के सिद्ध हो जाए।

जीवन की वो मृत्यु ही कहाँ
जो बिना यमराज के सिद्ध हो जाए।

# अलविदा

दिन थे वो भी कुछ खास,
यादों में है बस अब उनकी आस।
बचपन में जिस स्कूल में न आने के लिए थे रोए,
अब समझ नहीं आता कैसे उन राहों को न खोए,
रोज़ सुबह उठने की आदत को,
दोस्तों के साथ किए सारे बातों को,
शिक्षकों के पीछे बातें खूब थी बनाई,
पकड़े गए तो जैसे फेंक दिए गए हो खाई !

बचपन से कल तक थी ये सोच
कब खत्म होगा यह कष्ट सर्वोच्च ?
चाहिए हमेशा थी वो आज़ादी
स्कूल में करे जो मनमाहीं।

पर दुःख हुआ,

जब हुआ सवेरा

उन सपनों के सितारें

जब पता चला

की जो खड़ा यहाँ

वो मिलेगा अब कहाँ ?

आज़ादी तो मिली

पर गई अब वो रातें

जब थे  कहते

कि यारों,

अब रोज़ मिलेंगे,

छुट्टी के बाद जो कही चलें,

घूमे-फिरें और मस्त रहें ।

अब दबना है जिम्मेदारी के पैरों तले,
जो बारहवीं परीक्षा के बाद मिलेंगे खड़े,
तीर-कमान लिए हमें रहना होगा तैयार,
जिसमें सहायक होंगे उस धर्म की तलवार,

जिसे कहते है भगवद्गीता महान,
याद रखनी होगी वह सामान्य ज्ञान,
मन नियंत्रण ही है एक उपाय महान।

# पत्थर-नदी संवाद

ज़िंदगी की हर मोड़ पर है एक नई कहानी,
मिसाले  तो है कई पर चाहिए होती है उनकी बखानी।

थी एक ऐसी ही दास्तां,
जंगल में मिला    था वो रास्ता।

पेड़ों के था न बीच,
सोच थी वो न नीच।

किनारे पर था मिला
मज़बूत-सा एक था शिला।

बह रही थी नदी बगल,
शिला ने पूछा वो दंगल

जो उसके मन में चल था रहा,
“मैं हूँ यहाँ मजबूती से खड़ा
पर रखता न कोई मेरा ख्याल
मन होता जिससे बेहाल।
बहती रहती जो तुम हमेशा
सागर को पहुँचाती सबका संदेश।”

समझकर उसकी विडंबना
कहने लगे नदी के अंगना,
“हे शिले ! तल पर चले
जो रहे सब में वह जनाब
शरीर है पानी का जब
रुप अनदेखी रहे सब

डालो जिसमें आकार मिलता है उसका
डाले सभी पर बैठने का है  नुस्खा।
बाहर-भीतर की शुद्धि है वो ज्ञान
सम्पूर्ण हो मदद करने से महान।

शब्द, विचार और आचार
रहे हमेशा के साथ सदाचार।
कार्य तो करे सब
पक्षी हो या पशु
दूसरे के लिए जो जीता
वरदान में मिले उसे गीता।

"परंतु रहे अगर छल-कपट
खुशी तो मिले झटपट,
पर जब होगा दुःख,
जाएंगे सभी संतोष रुक,
कुछ पलों  का सुख

देगा  जीवन भर दुःख,

सो सत्य लिए ये जान

 खुला रख हमेशा दोनों कान।

सोच रखनी होगी विशाल

बढ़ना होगा जब युद्ध हो विकराल।

रास्ते में मिलेंगे

पत्थर-मिट्टी सब पड़ेंगे

फूल के लिए सुगंध

कभी इधर, कभी उधर,

पर भटके न मन से पथ

रखना होगा दृढ़ ये रथ।"

"बाते तो थी अनोखी,

पर समझना है जो कि

गलती मैंने की कहाँ

विनती है, समझाइये वहाँ। "

मुस्कुराते हुए नदी

ने कहा, “जो ये सदी

में लेगा जन्म

मनग्रहंत होंगे सब चर्म

पर स्थितप्रज्ञ कहलाएगा वही महान

जो अपराधियों का भी रखे मान।

“मैं पानी से हूँ भरी,

तू रहता वहीं किनारे खड़ा ,

सोच रख ऐसा

माहौल चाहे हो जैसा

बदलना तो कुछ पड़ेगा।

चट्टान की तरह पड़ा

गर्मी, ठंडी,  बरसात में हो खड़ा,

हे शिले ! तूने जो कुछ किया,

न पहुँचा उस तक तुम्हारा दिया।

सिमट के रहे जो तुम इस दलदल में

नागफांस की तरह बंधकर इस दंगल में,

वक्त आएगा जब तू दुनिया देखेगा,

पानी से बुझती हो प्यास,

तो होगा छाव तेरा,

ज़मीन तेरी, गाँव तेरा,

पर होगा गुज़रता उस दर्द से,

ठोक-पीट-बजाकर।

जो होगा सवेरा,

तेरा मन फिर पूछेगा

जब तू खुद को कोसेगा,

समुद्र को जो चखकर देखेगा,

खट्टास की वो लहर,

भाएगी वही पहर,

जब तू होगा खड़ा

पर भूलेगा नही कोई तेरा ख्याल।”

# मेरा मित्र – अंश

एहसास हो जब वो दो पल
जो साथ में गुज़ारे थे कल,
भूला जा न सके जिसे
सुनने को तो है कई किस्से,

भावनाओं की अभिव्यक्ति
होती नहीं है शब्दों से,
शब्दों से
केवल लगाया जाता है अंदाज़ा।

साथ जो हो अब न
रास्ता लगे वो सूना-सूना,
भौंरे बन जब घुमने निकलते
स्कूल से अब कहीं फिसलते।

थी दोस्ती वो सुहावनी
शुरुआत हुई थी एक कहानी
कक्षा 8 से जो कदम रखा,
छाप छोड़ मन पर है खड़ा,

लेखन की जो आस लिए
समेटना चाहता हूँ जिसे
रेत की तरह फिसलता
पकड़ना चाहता हूँ उसे।

दूर गया पर है वो पास,

लिखा गया है उसके लिए खास,

मिलनें का बस खयाल है अब

सच में बदले ये, पता नहीं कब ?

विडंबना पड़ती है इसमें

गीता कहती है जिसमें

सच- झूठ से पर हो क्षमता,

नहीं रखता हो अहंता-ममता।

पर है मनुष्य तो क्या करे ?

जाल से निकलते-निकलते है बुने।

जानकर भी सच छोड़े न हम उसे,

बस दुआँ है, मिल सके आज फिर हम उसे।

# श्रीराम-वरुण देव संवाद

पत्थर-तले खड़ा हो तट पर
भाई सहित सोना लिए दूर हो घर,
मंज़िल जब पास होकर भी रहे दूर,
प्रार्थना ही है उपाय जो करे कार्य सम्पूर्ण।

थी उन्हें माँ सीता की तलाश,
जब जटिल जंगल कर लिए तराश,
राह बताई संपाती ने जब
सेन-समेत तट पर पहुंचे सब तब।

जब सामने देखा
तो हुआ अंधेरा,
राह से चाहे जाना
पर मिला न डेरा।

सहनशीलता की न भूल,

श्रीराम ने की प्रार्थना प्रफूल,

तीन दिवस जब बीत गए

के जब रीत गए,

आया प्रभु को जब क्रोध

काँप गए सारे लोक।

जब लिया तीर कमान पर चढ़ा

आए वरुण देव डर से खड़ा।

मानते हुए अपनी भूल,

समुद्र देव ने शब्द कहे बहुमूल,

"हे प्रभु श्रीराम !

आप हो कृपानिधान।

मुझ नीच को आप क्षमा करे

अहंकार में थे जब विवेक डुबे,

भक्ति के लिए है पूर्वापेक्षित

डर बना रहे, पर सीमित।

बाण है आपका प्रबल,

जगत का नाश भी इससे है सुगम।

रहते हज़ारों जलचर यहाँ,

बाण से न जाने बिखरेंगे  कहाँ-कहाँ ?

हे प्रभु श्रीराम !

आप हो कृपानिधान।

मुझ नीच को आप क्षमा करे,

जलचरों को अभय करे।"

राम जी इन वचनों को सुन,

कह सुनाया अपना विवेकी धुन,

"हे समुद्रदेव !

जब की आपसे

विनम्र प्रार्थना

अनदेखा किया

उस उपासना।

माँग थी उस राह की

जो पहुँचाय लंका स्वर्ण की।"

"हे महाराज !

आप हो इस जगत के ताज।

जब सेना में आपके हैं नल-नील,

कार्य में न करे और ढील।

जो रही मेरे बच्चों की बात,

नहीं खराब होगी आपकी एक भी बात।"

समुद्र-देव बखान करते वह अभिशाप,

जो मिला नल-नील को बचपन में आप।

पर समस्या का न हुआ समाधान,

अब होगा क्या उस तीर का महान ?

समुद्र-देव ने बताया

पर्वत की ही है वह काया
जो सह सके आपके तीर का बल,
मिल जाएगा इस समस्या का हल।

नारे लगाए सबने "जय श्री राम !"
काम में बिना किए एक क्षण गवान,
राम-सेतु की निर्माण की हुई शुरुआत,
देव गण को आई अब सुकून की आस।

# हनुमान-मकरध्वज युद्ध

जब संकट किया तांडव सिर पे,
शोक का बदल छाया सिर पे,
युद्धस्थल में प्राणघातक शांति जब छाई
जांबवंत, सुग्रीव, विभीषण,
मांग की जब प्रभु की दर्शन
वीर हनुमान जो रहे सिकंदर।

वाणी निकली जो तीर समान
विभीषण अहिरावण की चाल जान,
दिया हनुमान को वचन-सा ज्ञान,
एक कूद से जो बनाई ये आन,
पाताल लोक में रखा कदम,

सचेत हुआ दिग्पाल अचंभ।

मकरध्वज नामक एक बालवीर,
दी चेतावनी अपने मुख-सा तीर,
कह सुनाया “मैं हूँ हनुमान का पुत्र,
तू चला कहाँ हे मूर्ख धूर्त?!”

शब्दों का ये मायाजाल
हनुमन्त वीर को किया बेहाल,
चकित हो इस वाणी पर।

श्रीहनुमान बोले “मगर
मेरा तो कोई पुत्र नहीं
काम-वशीभूत हो सकूं नहीं।
न मान न साम्मान,
न ही है तुझे अपने लाज का ज्ञान।

“अगर हो सत्य वचन तुम्हारे,
अपनी वाणी से इस संशय संहारे
प्रत्यक्ष करो इस समस्या को
इसके उत्तीर्ण समाधान को।”

मकरध्वज इन बातों को सुन
कह सुनाया अपने जन्म का धुन,
“हे पिताश्री!
ओ महावीर जी!
लंकापुरी को आग लगाकर
रावण का घमंड भस्म कराकर
हुआ जब आपका उत्थान
विश्राम लिया आपने एक स्थान
प्रस्वेद को आपका मिला एक मत्स्य
जन्म हो पाया मेरा ये सत्य।”
हुआ वृतांत यह समाप्त यहाँ पर,
यह समाधान और मिले कहाँ पर?

सुनकर यह बात फिर भी न सकुचाया,

हनुमन्त वीर ने अपना प्रश्न सुनाया,

जिसके निवृत्त वे उपस्थित थे यहाँ,

वह राम लक्षमण थे छिपे कहाँ?

मकरध्वज ने आज्ञा मान

कह सुनाया विख्यात महान

जहाँ थे सूर्यवंशी दो भाई

बलि चढ़ती अपनी कुल गोसाई

जिनका नाम है कामद-देवी

हैं विश्व-विख्यात जिनकी स्वरूप अदेखी।

ले उस गुप्त-स्थल का पता,

आंजनेय अपना कदम बढ़ा,

रोका उन्हें उस वाणी ने

जिसके द्वार मकरध्वज तानी है।

कह सुनाया अपना कर्तव्य

नहीं घुस सकते था ये सत्य।

हनुमान ने किया उस शब्द को अनदेखा,

मकरध्वज खड़ा हुआ बन के एक रेखा।

ले हनुमन्त से एक धक्का,

दिया मकरध्वज ने अपने हाथ का चक्का।

पलट वार किया श्रीहनुमान ने

युद्ध विकराल हुआ समय विस्तार में।

धरकर अपने पिता का शरीर,

फेका मकरध्वज ने हनुमन्त-ओ-वीर,

संभालकर अपनी चाल को

सिंह-सी अपनी प्रहार को,

महावीर ने जब किया वार,

बन गया विशाल महाजाल ।

देरी न की अपने स्वामी बचाव में,

संभालते हुए इस बराबरी पड़ाव में,

बांध दिया अपने पुत्र को पूछ से,

शीघ्र पहुंचे रघुवीर के पास, न की देर से।

# माँ अम्बे

कमी खली जब वो सामने आई,

याद दिलाई जो छूती थी पीछे परछाई,

ख्वाबों के उस समुद्र में

समाया चाँद जिस रुद्र में,

उनकी थी वो पत्नी,

नाम था जिनका पार्वती।

उदाहरणों की लघुता ही कहाँ,

जब सोच समाज से पूछे वहाँ?

सत्य पर है कही और,

असत्य के लिए है सबमें दौड़,

परंतु जो समझ ले उस विकराल को,
सत्-असत् से परे उस महाकाल को,
तपस्या दृढ़ अनायास हो जाएगी,
उदाहरण-स्वरूप जब माँ पार्वती बतलाएगी।

वक्त-वक्त की बात है,
क्षण का दिन, क्षण की रात है,
अंधेरे में आता जब चंद्रमा
दिन में लगे सूर्य की परिक्रमा
प्रकार इसी का है रूप अनेक,
शब्द बखान के लिए है नहीं भी एक,
भक्ति का साधन बस है व्याप्त,
निर्गुण में हो भक्ति सगुण समाप्त,

नाम है जिनका शैलपुत्री,
ब्रह्मचारिणी, चंद्रघंटा और भी,
कूष्माण्डा और स्कंदमाता न भूले,
कात्यायनी और कालरात्री पर चित्त न झूले,
सिद्धिदात्री करे सर्व इच्छा पूर्ण
महागौरी वंदना करे नवरात्रि सम्पूर्ण।

भगवद्गीता की है ये बात,
मन पर नियंत्रण की जब हो बात,
अधिष्ठाता हो वो सर्वत्र,
वैराग्य और अभ्यास में न हो षड्यन्त्र।